AF562801

ŒUVRE DE SAINT-GERAUD.

BÉNÉDICTION

DE LA

PREMIÈRE PIERRE

des Nouvelles Constructions

DE

SAINT-GERAUD.

(15 décembre 1857.)

AURILLAC,
IMPRIMERIE DE Mme Ve PICUT ET BONNET,
Imprimeurs de la Préfecture.

ŒUVRE DE SAINT-GERAUD.

BÉNÉDICTION

DE

LA PREMIÈRE PIERRE

des Nouvelles Constructions

DE SAINT - GERAUD.

(15 décembre 1857.)

I.

L'abbaye et l'église de Saint-Geraud d'Aurillac. 898-1856.

Au IXe siècle, Aurillac n'était qu'un des quatre cents châteaux qui hérissaient de leurs tours les montagnes de la Haute - Auvergne. Quelques chaumières abritées sous ses murs servaient de demeure à un petit nombre de serfs attachés à la terre. C'est dans ce modeste donjon que naquit, en 856, un enfant qui devait bientôt changer le morne aspect de nos campagnes désertes, la triste condition de nos pères. Cet enfant, c'était saint Geraud.

A peine maître de la fortune considérable que

lui laissaient ses parents, il résolut de la consacrer entière au bonheur des vassaux dont il était plutôt le père que le seigneur; mais, vivant dans un temps d'anarchie où la force était la seule loi, il jugea sagement que, pour parvenir à son but, il fallait les placer sous la protection immédiate de la seule autorité qui fût encore respectable pour tous, celle du Saint-Siége, et leur donner pour seigneurs médiats des hommes qui, par leur état, leurs principes, leur règle, devaient être éloignés de toute violence et disposés à tout faire pour améliorer leur sort, leurs mœurs et leur fortune. C'est dans ce but que saint Geraud fonda à Aurillac, en 898, une abbaye de bénédictins à laquelle il donna tous ses alleux, après en avoir fait hommage au Saint-Siége.

L'abbaye d'Aurillac, riche, puissante, composée d'hommes choisis un à un par son saint fondateur, continua son œuvre civilisatrice, affranchit successivement tous les serfs de ses domaines, fonda et dota des églises qui relevaient d'elle et répandit partout, avec la connaissance de l'Evangile, les premiers rudiments des sciences qui florissaient dans son cloître.

Grâce à la paix que leur assuraient les immunités de l'église, à la liberté dont ils jouissaient sous sa protection, les habitants qui étaient venus en foule se grouper autour des murs de l'abbaye d'Aurillac, formèrent bientôt une ville importante, riche, industrieuse, dont les relations s'étendirent au loin.

Les priviléges de l'abbaye couvraient aussi les habitants des terres nombreuses qui lui appartenaient en Auvergne et ailleurs; les revenus de ces terres servaient aussi à fonder ou doter des églises dans lesquelles ils recevaient l'instruction religieuse ou pratique. Ainsi, pour n'en citer que quelques-unes, les églises de St-Jean-de-Donne, St-Simon, Naucelles, Reilhac, Jussac, Teissières, Ayrens, Crandelles, St-Illide, St-Christophe, Montvert, St-Etienne-Cantalès, la Ségalassière, Omps, Cayrols, Roumegoux, le Fraisse, Marcolès, Cassaniouze, Labrousse, Cros-de-Montamat, Cézens, Thiézac, Talizat, Ambials, Landeyrat, etc., etc., ont été, ou fondées par les bénédictins d'Aurillac, ou dotées et desservies par eux ; et, placées sous la protection du monastère, les populations de ces paroisses et de beaucoup d'autres ont pu acquérir, dans une longue paix, une aisance, une instruction, une liberté plus grandes que celles dont jouissaient les vassaux des seigneurs séculiers. Ainsi se réalisait la pensée civilisatrice de saint Geraud. L'abbaye d'Aurillac, qui avait hérité de son esprit en même temps que de ses biens, répandait partout autour d'elle les bienfaits, et continuait avec une persistante énergie l'œuvre qu'il avait entreprise.

Vinrent plus tard des jours mauvais. Le schisme méconnut la pensée généreuse du saint fondateur, l'église de notre abbaye, berceau de la ville, mère de tant d'autres églises dispensatrices de ses bienfaits, fut renversée en 1569. L'abbaye était sécularisée depuis quatre ans, les chanoines réguliers qui y avaient remplacé nos savants bénédictins, n'eurent pas le courage de la relever entièrement, peut-être aussi les suites désastreuses de la guerre civile ne leur en laissaient-ils pas le moyen. Quoi qu'il en soit, le nouveau monument, consacré le 8 septembre 1643, n'avait qu'une nef d'une seule travée et fut, jusqu'à la révolution, séparé du clocher demeuré debout, par un intervalle de 30 mètres environ.

La tour du clocher elle-même fut détruite sous le règne de la terreur; de sorte, qu'aujourd'hui, au chef-lieu du département, une paroisse de plus de cinq mille âmes n'a, pour célébrer le culte divin, qu'un tronçon d'église sans clocher, insuffisant aux besoins de la population, indigne de la majesté du Dieu qu'on y invoque, et qui accuse chaque jour les habitants d'Aurillac d'ingratitude envers leur saint patron, de négligence et d'oubli vis-à-vis de l'abbaye qui fut le berceau de leur ville.

L'abbaye d'Aurillac, dit l'*Histoire littéraire de la France*, v. 6,, p. 23, « *fut le berceau du principal renouvellement des lettres, qui se fit en ce* x^e *siècle.* » Jean de Sarisbery, évêque de Chartres, voulant célébrer l'abbaye de Luxeuil, dit : « *que ses moines égalent en plusieurs points ceux d'Aurillac, qui ont acquis une grande habileté et une longue pratique d'un grand nombre de sciences.* »

Parmi les hommes distingués qu'a produits cette abbaye, l'on doit citer d'abord Geraud de St-Céré et Raymond, les deux maîtres de Gerbert; Gerbert lui-même, l'éternel honneur de notre ville, à qui nous avons élevé naguère une statue; Théotard, son ami, dont il confirma l'élection à l'évêché du Puy; saint Robert, fondateur de la Chaise-Dieu; Guillaume d'Orlhac, évêque de Paris, confident de saint Louis; Astorg, le troubadour, Guillaume Beaufeti, aussi évêque de Paris, médecin de Philippe-le-Bel; Benoît Fabri, Pierre Jacobi, Pierre Bertrand, successivement évêque de Nevers et d'Autun, cardinal en 1330; Jean Rolland, évêque d'Amiens; Jean de Rochetaillade, Pierre Fortet, Jean de Cinq-Arbres et presque tous nos abbés réguliers, qui avaient élevé si haut notre abbaye par leur amour pour l'étude et leurs succès dans toutes les sciences

Or, une église qui rappelle tant de souvenirs, une église dans laquelle se sont formés tant d'hommes célèbres, ne mérite-t-elle pas d'être relevée de ses ruines et ne doit-elle pas être entourée du respect que commande toujours un passé glorieux ?

Enfin, au souvenir de nos pères et de tant d'hommes qui ont été leurs bienfaiteurs, vient se joindre notre propre intérêt. Partout, en ce moment, en France on relève les ruines que le schisme et les révolutions ont accumulées sur leur passage. Partout, en effaçant leurs tristes traces, on s'efforce avec une généreuse émulation de décorer l'enceinte des villes, de secourir les classes ouvrières, en leur procurant le travail qui moralise et qui fait vivre. Or, quelle œuvre plus populaire, plus sympathique à tous les habitants d'Aurillac, plus utile, plus nécessaire pouvait-on choisir pour ne pas rester en arrière de ce mouvement général que nous venons de signaler, que la restauration de l'église St-Geraud? Depuis plus de trente ans on l'a projetée à diverses époques, toujours avec l'assentiment général ; mais c'est dans ces derniers temps surtout que l'opinion publique s'est manifestée avec plus d'énergie, plus d'élan, plus de vivacité, plus d'unanimité, et l'on peut affirmer aujourd'hui qu'en proposant cette restauration, M. Alphonse Paillard, préfet du Cantal, et Mgr Lyonnet ont été les interprètes des vœux de tous. Voilà pourquoi cette œuvre patriotique a été entreprise.

II.

Projet d'achèvement de l'église Saint-Geraud.
1856.

Le projet de restauration de l'église Saint-Geraud, conçu et arrêté, il fallait en assurer l'exécution. Dans cette vue, M. Paillard, préfet du Cantal, créa, le 27 septembre 1856, une Commission composée de MM. Bastid, avocat, Bonnefons, président du tribunal, Chapsal (Eloi), Delfour, adjoint au maire, Delzons, notaire, Geneste, adjoint au maire, Grognier, ancien maire, de Lacan, Laborie, avocat, de Parieu, maire, Rames, notaire, tous membres du Conseil municipal, et de MM. Berthelin, ingénieur en chef, Delcusy, curé de St-Geraud, baron Delzons, juge, Durif, juge de paix, le général baron Higonet, et Parra, propriétaire.

Cette Commission se réunit, pour la première fois, le 2 octobre 1856, sous la présidence honoraire de M. le Préfet du Cantal et de Monseigneur l'Evêque de St-Flour, et la présidence effective de M. de Parieu, maire d'Aurillac. Plus tard, M. Laborie, avocat, l'un de ses membres les plus actifs, étant décédé, M. Delcusy ayant été promu à l'évêché de Viviers, Monseigneur Lyonnet ayant quitté le siége de St-Flour pour celui de Valence, et M. Berthelin, ingénieur en chef, étant appelé à d'autres fonctions, elle fut complétée par la nomination de Monseigneur de Pompignac, nouvel évêque de St-Flour, de M. l'abbé Salesse, nouveau curé de St-Geraud, de M. Louis Laborie, ingénieur en chef, et de M. l'abbé Peyrac.

Le premier soin de la Commission fut d'obtenir des souscriptions : en peu de temps, elle en a réuni pour plus de 80,000 fr.; le second, de se mettre en rapport avec un architecte habile. M. Lassus, qu'ont illustré les restaurations de la Ste-Chapelle et de Notre-Dame de Paris, voulut bien, sur sa demande, se rendre à Aurillac pour voir par lui-même l'état de l'église actuelle, et s'assurer de ce qu'il convenait de faire pour la rendre digne de sa destination.

La Commission demandait à l'éminent architecte de la Ste-Chapelle un plan modeste, simple, d'une exécution facile et en harmonie avec les ressources sur lesquelles on pouvait compter. M. Lassus lui disait, dès le 28 octobre 1856 :

« Je suis entièrement convaincu que, pour » réussir, il importe de se renfermer dans les » limites de la plus grande simplicité, tout en » se mettant en harmonie avec les formes de » l'église actuelle. Je pense donc qu'il suffira » d'ajouter deux travées, égales chacune à » celle qui existe; et, quant à la façade, je suis » d'avis qu'il suffira d'un seul clocher, soit au » centre, soit sur le côté, comme on le voit » dans beaucoup d'anciennes églises. »

C'est sur ces bases que M. Lassus a rédigé son projet, tracé son plan et étudié son devis, après s'être bien assuré, par des fouilles conduites avec le plus grand soin et la plus grande intelligence, de la nature du sol et de l'existence des fondements sur lesquels il devait édifier.

L'architecte a caractérisé d'un mot le plan d'agrandissement qu'a adopté la ville d'Aurillac : « Le projet, dit-il, est aussi simple que » possible, et parfaitement d'accord avec le » style de la partie ancienne. »

Quant au devis, dressé avec le plus grand

soin, feuille par feuille, par M. Buquet, inspecteur de M. Lassus, qu'un séjour de deux années à Aurillac a mis en état de connaître parfaitement les prix de la localité, la nature des matériaux, les difficultés d'exécution, il a été revu aussi, feuille par feuille, par le maître lui-même, annoté par lui, contrôlé avec un soin minutieux par des hommes spéciaux pris dans le sein de la Commission, puis, de nouveau remanié, corrigé dans les détails et dans l'ensemble par son auteur. Il offre donc toutes les garanties d'exactitude désirables.

Ce devis est divisé en deux chapitres : le premier, sous le titre de *Projet d'achèvement*, comprend tous les travaux nécessaires à la construction des deux travées ajoutées et de la tour ; le deuxième, sous le titre de *Réparations urgentes*, se compose uniquement des travaux indiqués dans un premier rapport, et relatifs à la réfection de certaines parties de la couverture actuelle, telles que celle des chapelles absidales et des bas-côtés, etc.

Quant à ces derniers travaux, M. Lassus dit : « Si les ressources permettent de les exécuter » de suite, rien de mieux ; mais il est bien évi» dent qu'ils peuvent être ajournés sans aucun » danger. »

D'après le devis, la dépense totale s'élèverait à. . . . . 220,164 f. 61 c.

Mais, comme en ce moment les souscriptions obtenues, la somme votée par le Conseil municipal et celle qu'on a droit d'espérer du Ministère des cultes ne s'élèvent qu'à . . . . 154,096 »

et qu'il y aurait un déficit de. 66,068 61

M. Lassus proposait de ne mettre d'abord en adjudication que le prolongement de la nef et la construction de la tour jusqu'à la hauteur des fenêtres du beffroi, ce qui n'entraînerait qu'une dépense de 158,070 fr. 81 c.

Telles étaient les sages dispositions et les mesures prudentes admises par la Commission et l'homme éminent à qui elle avait donné sa confiance.

Le Conseil municipal, par trois délibérations des 12 septembre 1856, 26 et 30 mai 1857, s'est pleinement associé aux vues de la Commission. Il a fait plus : en approuvant les plans et devis de M. Lassus, et votant une somme de 50,000 f. pour leur exécution, il a fait de l'œuvre de la restauration de St-Geraud une affaire municipale ; c'est à lui désormais qu'il appartient de diriger les travaux.

Les choses étaient en cet état lorsque M. Lassus mourut à Vichy, le 15 juillet 1857, perte immense pour les arts qu'il aimait avec passion, pour l'architecture, dont il était une des gloires, pour l'œuvre de St-Geraud, dont il était l'âme.

Cependant, la Commission ne perdit pas courage. M. le Préfet allait à Paris ; elle le pria de chercher parmi les artistes de la capitale un successeur à M. Lassus, mission difficile, car il ne s'agissait pas seulement de choisir un homme capable, il y en a beaucoup, mais un homme assez dévoué pour accepter les plans d'un confrère et les faire exécuter au point de vue sous lequel ils avaient été conçus

Parmi les élèves de M. Labrouste, qui avait formé M. Lassus, il en était un que son nom, son mérite déjà connu, ses travaux désignaient au choix de M. le Préfet ; c'était M. Jules Lisch.

chargé de la direction des travaux aux asiles impériaux de Vincennes et du Vézinet, de la restauration de la cathédrale et de la réédification du palais épiscopal de Luçon. M. le Préfet lui fit des ouvertures qui furent agréées, et, quelques jours après, l'Administration municipale confiait à M. Lisch la succession de M. Lassus.

Le 13 décembre 1857, au sein de la Commission de Saint-Geraud, le nouvel architecte prit l'engagement « de respecter religieusement,
» dans toutes ses parties, la dernière pensée du
» maître qui l'honora de son amitié et de ses
» conseils. Le projet de M. Lassus, dit-il, ré-
» pond à toutes les exigences, à toutes les con-
» venances ; je me garderai bien de l'amoindrir
» et d'en altérer le caractère. »

C'est dans ces termes que M. Lisch a été nommé architecte de l'église St-Geraud, c'est dans ce but qu'il en dirigera les travaux ; et la Commission, le Conseil municipal et les souscripteurs, dont le concours généreux et empressé permet de réaliser enfin cette œuvre si souvent et si inutilement tentée jusqu'ici, trouveront, dans les précautions minutieuses et la prudente circonspection avec laquelle elle a été conduite jusqu'ici, toutes les garanties de succès qu'il était permis d'espérer.

III.

Pose de la première pierre des nouvelles constructions. 15 décembre 1857.

Enfin a lui le jour, si longtemps attendu, qui doit voir bénir la première pierre du nouvel édifice. Mgr de Pompignac, nouvel évêque de

St-Flour, devançant l'époque de sa visite pastorale, est venu dès la veille à Aurillac pour témoigner à la ville la part qu'il prend à une œuvre si patriotique, en présidant lui-même à l'auguste cérémonie qui va combler ses vœux.

Dès le matin du mardi, 15 décembre 1857, les rues qui conduisent de l'église St-Geraud à la Maison des Missionnaires du diocèse, où Monseigneur a voulu descendre, sont tendues de blanc, ornées de guirlandes de verdure gracieusement entrelacées, et, sur les arcs qui les couronnent, sont reproduites de touchantes inscriptions qui s'appliquent également au saint dont la vieille basilique va être restaurée, et au prélat qui vient en personne luirendre un public hommage de vénération et de reconnaissance.

A une heure après-midi, le Conseil municipal, conduit par M. de Parieu, maire de la ville, vient prendre à l'hôtel de la préfecture M. le Préfet, autour duquel se sont réunis les membres de la Commission de St-Geraud, ceux de la Commission des Monuments historiques du département, qui ont eu aussi la pensée d'obtenir la restauration et l'achèvement de l'église St-Geraud, en la faisant déclarer *monument historique*, la Commission d'architecture et les principaux fonctionnaires de tous les corps, jaloux de prendre part à une fête à la fois municipale et religieuse.

De l'hôtel de la préfecture, toutes ces autorités se sont rendues chez Mgr de Pompignac; lecture faite du procès-verbal, rédigé en triple minute, chacun le signe à son tour et le cortége s'achemine vers l'église (1).

(1) Voir à l'appendice le procès-verbal et les signatures.

Devant l'église, l'enceinte où devait s'accomplir la cérémonie était marquée par des mâts surmontés d'oriflammes tricolores et réunis par des arcs de verdure et de fleurs ; sur une vaste estrade, des siéges étaient disposés pour les autorités et les dames, qui étaient venues en foule assister à la cérémonie et l'embellir de leur présence. Les armoiries de NN. SS. de St-Flour, de Valence, de Viviers, d'Autun, de la Basse-Terre, qui, tous, ont prêté à l'œuvre de l'achèvement de l'église de St-Geraud l'appui de leurs conseils et de leurs exemples, décoraient cette estrade élégante.

Au-dessus de la porte de l'église, planait l'aigle impériale ; à droite et à gauche, brillaient les armes de la ville et celles de saint Geraud.

En dehors de l'enceinte, les élèves de l'Ecole primaire des Frères, vêtus de tuniques uniformes et armés de lances inoffensives dont les banderolles roses flottaient au gré du vent, la musique de l'Ecole supérieure, l'Ecole normale, la superbe compagnie des sapeurs pompiers, des détachements de la gendarmerie et du 54e de ligne, en garnison à Aurillac, et une affluence immense de toutes les classes de la société, remplissant la place et les rues adjacentes, en garnissant les fenêtres et se pressant jusque sur les toits, tel était le coup-d'œil que présentaient les abords de l'église St-Geraud.

Après les prières prescrites par la liturgie et la bénédiction solennelle de la pierre, une boîte contenant toutes les monnaies ayant cours actuellement et le procès-verbal de la cérémonie a été scellée dans la cavité préparée pour la recevoir, et une seconde pierre a été descendue avec précaution pour la recouvrir. M. Lisch, nouvel architecte de St-Geraud, a pris immédiatement les mesures nécessaires pour mettre ce précieux dépôt hors de toute atteinte.

Mgr de Pompignac, prenant place alors sur l'estrade, entre M. le Préfet et M. le Maire, a prononcé, d'une voix émue, le discours suivant, dont plusieurs passages excitent une sympathie que le respect seul empêche d'éclater en applaudissements :

Nos Très Chers Frères,

Après avoir raconté l'histoire du monument dont les âges précédents n'ont relevé qu'une partie, un de vos concitoyens, également distingué par son érudition et par la sagesse de ses vues, se livrait aux réflexions suivantes : « Ce qui, dans le plan d'une restauration générale devait » faire le chœur de l'église abbatiale de St-Geraud, est » aujourd'hui l'unique église d'une paroisse de six mille » âmes. Quoique tout le monde en reconnaisse l'insuffi- » sance, il est difficile de prévoir l'époque où l'on pourra » satisfaire aux besoins du culte en réalisant enfin un pro- » longement indispensable. »

S'exprimer ainsi, c'était constater en même temps et l'urgence de l'œuvre que vous avez entreprise et les difficultés sans nombre qui semblaient en ajourner indéfiniment l'exécution. C'était rapprocher et mettre en opposition les projets et les obstacles, les désirs et le découragement, les regrets du passé, les nécessités du présent, les impossibilités de l'avenir. Volontiers je rappelle ici ces appréciations diverses et à effets contraires. En faisant ressortir la sagesse et la hardiesse de vos résolutions, elles ajoutent au mérite d'une œuvre éminemment utile l'honneur qui vous reviendra de la difficulté vaincue.

Remontez à l'époque, bien voisine de nous, où l'inaction était le résultat nécessaire de l'indécision qui régnait alors dans les esprits ; balancez de nouveau les raisons pour et contre le projet, et vous n'échapperez au doute qui renaîtrait dans votre âme qu'en vous applaudissant d'avoir trouvé dans les inspirations d'une foi vive, dans les généreux élans d'un religieux patriotisme, la solution que vous auriez vainement attendue du bénéfice du temps et des timides calculs de la prudence.

Au sein d'une cité qui, d'un mouvement rapide, tend chaque jour à s'agrandir, fallait-il laisser une population nombreuse se scinder, aller, par groupes détachés, remplir des devoirs communs, et rendre séparément ses hommages au père de famille qui trouverait bien mieux sa gloire à voir ses enfants, unis déjà par les liens d'une même foi, s'unir encore et se confondre à ses pieds dans l'acte d'une même adoration et d'un même amour?

Aux jours de nos plus augustes solennités, lorsque la piété demande à s'édifier du concours de tous les fidèles et du spectacle imposant de nos cérémonies, convenait-il que la multitude vînt, à flots pressés, se masser autour des autels, et envahir sur les parvis sacrés l'espace nécessaire aux pompes et à la magnificence du culte catholique? Evidemment non ; et vos intérêts comme les intérêts de Dieu unissaient leur voix pour vous dire ce que le Seigneur disait autrefois aux Juifs par la bouche d'Isaïe : *Angustus mihi locus, fac spatium ut habitem.*

Mais d'où viennent ces graves inconvénients? Le temple qui ne suffit plus à recevoir tous les membres de la famille chrétienne, fut-il, à son origine, construit dans les limites d'un plan trop resserré? Vous le savez, N. T. C. F., sur ce même emplacement s'élevait autrefois un édifice riche de tous les décors de l'architecture du moyen-âge et remarquable par ses vastes proportions. Des temps malheureux survinrent ; pendant que vos ancêtres, victimes d'une surprise, tombaient sous le fer de l'ennemi, la maison du Seigneur croula sous le marteau destructeur de l'hérésie. De glorieuses représailles, des victoires signalées vengèrent, il est vrai, le courage malheureux ; mais ce temple inachevé couvre-t-il bien les ruines sur lesquelles il fut rebâti? Mais son faîte découronné porte-t-il assez haut la réparation de l'outrage fait à votre culte? Non, non, tant que des tours élancées et majestueuses n'attesteront point la présence du Dieu qu'en ces lieux on adore, ce Dieu conservera toujours le droit de vous dire : *Angustus est mihi locus, fac spatium ut habitem.*

Quelle que soit la force qui leur revient de l'état actuel des choses et des évènements du passé, les sollicitations de la religion n'étaient cependant point les seules auxquelles vous eussiez à répondre. Des considérations d'un ordre inférieur, il est vrai, mais toujours puissantes sur des esprits élevés, sur des cœurs généreux, demandaient aussi de vous les mêmes résolutions, les mêmes sacrifices.

Prés du donjon d'un saint et vertueux seigneur, existait jadis une simple bourgade qui, par des accroissements successifs, est devenue maintenant une noble et riche cité. Elle en était à ses premiers développements lorsque, sous l'influence des plus admirables exemples, on vit se propager parmi ses habitants, avec l'amour des lettres, l'amour et la pratique de la vertu. Pendant que le zèle actif, que l'inépuisable charité du bon comte poliçait les mœurs et répandait autour de lui les bienfaits de la civilisation chrétienne, une célèbre abbaye, fondée par saint Geraud, devenait le berceau des saints et l'asile des savants. De tels précédents ne furent point sans gloire ; surtout ils ne furent pas sans influence sur les âges postérieurs. Bien mieux que la fertilité du sol, que les avantages du site, ils ont préparé la prospérité de votre ville. Vous devez à l'impulsion religieuse donnée par votre saint patron, ainsi qu'à la protection dont il vous couvre du haut des cieux, cette foi vive qui fit triompher vos pères des attaques comme des séductions de l'hérésie et qui vous rend vous-mêmes supérieurs aux entraînements malheureux d'un siècle indifférent ; vous devez à son zèle et à ses exemples ces mœurs douces et paisibles qui vous distinguent et qui se retrouvent partout où les populations sont profondément imbues de l'esprit de l'Evangile ; vous lui devez cet amour des lettres et des arts qui s'est perpétué d'âge en âge et qui date parmi vous de l'origine même de votre cité. Relevez donc et relevez à grands frais l'ancienne église construite par vos pères sous le vocable du saint qui fut leur modèle et qui restera toujours le bienfaiteur de son pays. Vous l'avez compris, N. T. C. F., ce n'était pas seulement donner satisfaction aux nécessités actuelles du culte, c'était encore vous honorer par un acte public et solennel de reconnaissance et de patriotisme. Tels sont les motifs qui ont déterminé vos résolutions. Mais d'autre part, nous le reconnaîtrons aussi, N. T. C. F., les considérations les plus propres à ranimer votre courage devaient, par contre-coup, en arrêter l'essor, en comprimer l'élan. A restaurer l'église abbatiale, il ne suffisait pas de l'approprier aux exigences de sa destination actuelle, les convenances et le bon goût demandaient encore qu'on lui rendît sa première splendeur. D'une main vous aviez édifié le temple des lois, de l'autre vous deviez porter plus haut le faîte du temple du Seigneur, pour indiquer que la justice des hommes relève de la justice de Dieu et qu'elle n'est qu'un reflet, qu'un épanchement de la justice éternelle. La mémoire d'un grand génie, d'un savant pontife, avait reçu dans vos murs une solennelle glorification. Dans cette même ville où se conserve si bien le culte des souvenirs, lorsque l'étranger, admirateur de vos monuments et de votre histoire, aurait demandé à s'agenouiller devant les reliques de vos saints, certes vous n'auriez pas voulu accuser un oubli et ne lui montrer qu'un autel modeste sous un temple mutilé. Ainsi les dépenses entraînaient d'autres dépenses, les sacrifices appelaient d'autres sacrifices, et devant les exigences de la religion et de la patrie, vos désirs demeuraient en pleine disproportion avec vos ressources. Comme le mouvement cesse entre deux forces opposées qui se neutralisent, ainsi l'inaction était le résultat nécessaire du rapprochement des raisons qui militaient pour et contre le projet de réédifier l'église de St-Geraud. Si d'une part le zèle religieux empruntait la parole d'Isaïe pour vous dire : *Angustus est locus, fac spatium*, de l'autre, et sans mériter les reproches qui tombèrent autrefois sur les temporiseurs d'Israël, la prudence répondait à bons droits : *Nondum venit tempus domûs Domini ædificandæ.*

Il est des hommes, N. T. C. F., qui ont l'heureux privilége de tenter ce qui paraît impossible, et le bonheur, plus rare encore, de le tenter avec succès. Les obstacles disparaissent devant les ardeurs de leur zèle; tout leur secret est d'aimer et de se faire aimer. Je n'ai pas besoin de nommer ici le pasteur vénéré dont l'absence se fait si vivement sentir en ce jour. Pour vous comprendre, pour tout espérer de votre dévouement, Mgr Lyonnet interrogea son cœur et prit conseil de son courage. Assuré du concours d'une haute influence que ne fit jamais défaut aux bonnes œuvres, aidé des deux magistrats qui président aux destinées du département et de la cité, et dont la rare habileté sait si bien discerner les circonstances favorables et les moments décisifs, le prélat proposa l'œuvre réputée jusqu'à ce jour impossible; elle fut acceptée d'enthousiasme. Pour me servir ici de ses propres expressions, le sou de saint Geraud, jeté dans la circulation, courut sa bonne fortune; les offrandes du pauvre et du riche s'accumulèrent dans le même trésor; une commission admirable de zèle se forma pour régulariser ce mouvement admirable, et maintenant les bénédictions du ciel vont descendre sur ce monument si longtemps désiré.

Mais pourquoi ces bénédictions ne sont-elles point appelées par des mains plus vénérables que les nôtres ? Auguste pontife, pourquoi me laisser à recueillir les riches moissons ensemencées par vos soins, ne réservant pour vous d'autre jouissance que celle d'applaudir de loin au bonheur que vous m'aviez préparé ?

Les desseins de Dieu sont impénétrables, N. T. C. F.; si j'ai lieu d'en être étonné et confondu, je ne le suis pas moins de l'affectueux empressement dont vous m'environnez en ce jour. Avant qu'il m'ait été donné d'acquérir quelque droit à votre bienveillance, le spectacle que j'ai sous les yeux me touche profondément. J'apprends de votre piété, de votre zèle pour les œuvres saintes, pour les intérêts sacrés de la religion, tout ce que je dois à mon tour de dévouement et d'amour à un peuple si chrétien, si généreux. Ah ! croyez-le bien, sur cette pierre bénie, l'acier n'a pas gravé d'une manière plus durable le souvenir de cette touchante cérémonie, que l'admiration et la reconnaissance n'ont mis profondément dans mon cœur d'évêque les sentiments d'une impérissable affection.

Elle se relèvera donc de ses ruines cette basilique antique, comme le cèdre, quand il a jeté ses racines aux profondeurs du sol, lance bientôt dans les airs ses rameaux vigoureux ; bientôt aussi les tours de St-Geraud, dominant notre ville, porteront bien haut, pour qu'il soit vu de bien loin, le témoignage de votre foi. Nous en avons la ferme assurance, et ne pensez point que la cérémonie de ce jour, anticipant sur les temps ordinaires des travaux, soit une garantie prise contre les défaillances du bon vouloir. Quel est donc celui d'entre nous, qui par défaut de persévérance, voudrait attirer sur lui ce blâme de l'Evangile : *Hic homo cœpit ædificare et non potuit consummare.* Ma pensée, libre à cet égard des craintes inspirées par l'instabilité des choses humaines et les éventualités de l'avenir, repousse au loin toute préoccupation fâcheuse. Mais, N. T. C. F., me permettrez-vous de vous dire ici les appréhensions qui plus naturellement viennent au cœur d'un pasteur, trop facile peut-être à s'effrayer, parce qu'il n'a pas d'intérêt plus cher que les intérêts de votre salut? Quand vous aurez reconstruit la maison de Dieu qu'avaient édifiée vos pères, serez-vous toujours, comme vous l'êtes aujourd'hui, les dignes héritiers, les fidèles imitateurs de la piété de vos ancêtres? Comme eux affluerez-vous aux solennités du Seigneur, ou bien, vous déjugeant vous-mêmes et démentant votre première ardeur, déserterez-vous ces autels, laisserez-vous ce Dieu solitaire dans ses tabernacles abandonnés

Vous vous plaignez maintenant de n'avoir pas toujour une place libre au banquet où se distribue la parole sainte céleste aliment de vos âmes ; mais le dégoût succédant à la faim et à la soif de la justice, cette divine parole vous deviendra-t-elle fastidieuse lorsqu'il n'y aura plus d'obstacle à ce que tous vous puissiez l'entendre?

Enfants de la famille chrétienne, vous souffrez de ne pouvoir sanctifier le jour du repos en célébrant ensemble les louanges de votre Père céleste. Plus tard déserterez-vous l'assemblée des saints pour aller où vous appelleraient des intérêts périssables ou de mauvaises passions? Courbés sur vos sillons, épuisés de fatigues dans vos ateliers, vous verra-t-on, vous chrétiens si zélés aujourd'hui, affliger l'Eglise et scandaliser vos frères par la profanation du dimanche?

Mais laissons d'aussi tristes prévisions. Quels que soient dans notre malheureux siècle les progrès de l'indifférence et de l'impiété, de quelles anxiétés qu'ils agitent notre âme trop facile, encore une fois, à s'effrayer pour vous des dangers qui menacent d'autres contrées, jamais, non jamais les envahissements du mal n'arriveront jusqu'à vous; jamais ils ne viendront ainsi flétrir la sincérité de votre foi et l'innocence de vos mœurs. *Confidimus de vobis meliora.* De ce jour, au contraire, va dater pour vous une époque de renouvellement de ferveur et de sainteté. Nous en avons pour garant le spectacle édifiant que vous offrez à nos regards attendris, les sacrifices que vous vous êtes imposés, le pieux enthousiasme qui vous anime, la régularité constante de votre conduite, en un mot, votre présent, comme votre passé qui nous répondent si bien de votre avenir. Nous l'espérons du zèle infatigable et de l'ardente charité de votre pasteur immédiat en qui vous avez retrouvé les vertus de son vénéré prédécesseur et qui vous le ferait oublier si Monseigneur Delcusy pouvait être oublié parmi vous. Nous l'attendons du concours que veut bien nous prêter auprès de ses concitoyens l'ami de notre jeunesse sacerdotale, et notre frère dans l'épiscopat. Honoré du même caractère, s'il ne partage point notre mission, du moins il remplira celle que lui donne notre cœur. Ecoutez-le comme vous nous écouteriez nous-même ; ses conseils, ses exhortations seront nos conseils, nos exhortations, avec tout ce que peuvent y ajouter les lumières de son expérience et le charme de sa parole.

Nous l'espérons enfin de la protection de saint Geraud qui ne saurait demeurer insensible aux honneurs que nous lui rendons en ce jour. Sous les auspices de ce glorieux Patron, sous les auspices de Marie, la mère de Dieu et des hommes, la distributrice de toutes les grâces, la Reine des fidèles et du clergé, après avoir adoré Dieu dans les temples qu'il a choisis pour sa demeure ici-bas, nous irons le contempler et le bénir dans les tabernacles éternels dont l'apôtre a décrit les magnificences. - *Amen.*

M. le Préfet prend ensuite la parole en ces termes :

MONSEIGNEUR,

Vous venez d'accomplir un acte solennel.

Spontanément sortie des entrailles du pays, sanctionnée deux fois, et par les suffrages unanimes du conseil municipal et par cette souscription, sorte de scrutin populaire, où chacun est venu déposer dans l'urne, le riche son offrande, le pauvre son obole non moins chère aux yeux de Dieu, bénie maintenant par la religion, la pensée de l'achèvement de l'église St-Geraud a désormais pris corps. La pierre angulaire est posée. L'idée est devenue un fait. Ce que le patriotisme a commencé, la foi l'achèvera.

Qu'importe les difficultés dont il faudra triompher encore? les obstacles qui, jusqu'au terme de la carrière, se rencontreront sur notre route? On se fortifie dans la lutte, et jamais le succès n'a manqué ni aux idées justes ni aux volontés fortes.

Eh! Messieurs, s'il nous fallait des encouragements, ne les trouverions-nous pas dans les vicissitudes mêmes de ce projet d'agrandissement, né d'hier, et qui a déjà son histoire? Que d'hésitations n'a-t-il pas fallu vaincre! que de doutes à lever! Combien déjà, parmi ceux qui, les premiers, assistèrent à l'enfantement de cette pensée réparatrice, manquent à la cérémonie de ce jour. La mort a enlevé les uns : le devoir a dispersé les autres. Mais, à peine faits, les vides se sont trouvés comblés. Les fils ont pris la place des pères. Le pasteur bien-aimé que la Providence envoyait comme un consolateur à l'Ardèche dans ses calamités, a été remplacé par le compagnon des fatigues et des dangers d'un des premiers apôtres de nos Antilles émancipées. L'auteur du plan de restauration de St-Geraud, Lassus, tombe plein de force et de jeunesse sur son œuvre ébauchée : pour la continuer, se présente un des savants condisciples de l'architecte de la Sainte-Chapelle. Enfin, une volonté auguste arrache à ce siége de St-Flour, qui l'a tant pleuré, le pontife vénérable sous les auspices duquel nos travaux ont commencé, et voici que la première pensée du bienveillant et vertueux prélat qui lui succède est, à peine assis sur le trône épiscopal, de braver les rigueurs de l'hiver et les neiges de la montagne pour étendre sur ses enfants d'Aurillac sa main paternelle, s'associer à leurs vœux et jeter avec eux les fondements de cet édifice sur lequel, à la même heure, son prédécesseur appelle les bénédictions d'en haut.

A la vue de tant d'obstacles déjà surmontés, Messieurs, il est permis de citer les paroles par lesquelles l'auteur de la vie de saint Geraud terminait le récit des efforts que dut faire le fondateur de l'abbaye d'Aurillac pour construire ce monastère sur les ruines duquel, à dix siècles de distance, nous élevons à notre tour le temple placé sous son invocation. Elles offrent avec la circonstance actuelle un rapprochement qui emprunte aux localités quelque chose de plus saisissant encore. « Plus une chose » est agréable à Dieu, s'écrie l'abbé de Cluny, plus elle est dif- » ficile à exécuter. Et n'est-il pas dans la nature que ce qui » mûrit trop vite se flétrisse promptement ; que ce qui ne se » développe qu'avec peine, ait en échange la résistance et la » durée ? »

Messieurs, la persévérance ne nous fera pas défaut. J'en ai pour garants ce concours de toutes les classes de la société, cette ville en fête, cette multitude joyeuse qui nous entoure.

Il y a ici plus qu'une question d'art, plus qu'un hommage rendu à un de ces athlètes du christianisme, dont la vie ne fut qu'un long combat terminé par un sacrifice sublime et à la statue desquels il ne faut d'autre piédestal que la pierre de leur tombeau. Il s'agit d'accomplir un acte de piété filiale, de justice et de reconnaissance, et l'instinct de la foule ne s'y est pas trompé.

Saint Geraud, en effet, c'est, pour les habitants de cette ville, le père de la cité; c'est, avec Gerbert, le souvenir le plus populaire qui se soit conservé dans nos montagnes Le pauvre n'oublie pas, et la tradition a perpétué au foyer de l'indigent la mémoire de celui que son peuple appelait le *Bon Comte*. Douce et poétique physionomie, égarée dans un âge de fer, qui, par certains côtés, ressemble aux chrétiens des premiers siècles, et, par d'autres, porte comme un reflet de l'esprit de notre temps. Etrange exception au milieu de ces hommes de passion et de sang du IXe siècle, que ce petit-fils de rois affranchissant ses serfs, partageant avec les pauvres le pain de sa table, se cachant parmi les mendiants pour recevoir avec eux la pièce d'argent qu'on leur distribue à la porte de son château ; ce fils de comte, qui refuse de prendre part au dépouillement des héritiers de Charlemagne, et assiste, indépendant, isolé et dédaigneux, au démembrement de l'Empire ; ce soldat, impassible qui, dans la bataille, toujours au premier rang, se fait, comme Jeanne d'Arc, scrupule de verser le sang, fond sur l'ennemi, l'épée au fourreau, renverse sous le poitrail de son cheval les escadrons les plus épais, et sort toujours victorieux du combat, avant que sa main ait frappé ; cet homme de guerre, amoureux de la science, qui, au pied de son donjon, ouvre un asile aux lettres et prépare à la docte Cluny une rivale digne d'elle ; ce prince qui, plus d'un siècle avant les croisades, peuple d'affranchis sa nouvelle cité, et dépose au sein des institutions de l'humble bourgade, avec la tradition de la curie romaine, le germe des franchises communales; le seigneur enfin qui, par la justice et l'amour pour le faible, semble appartenir à notre âge, et dont les vassaux entourent le lit de mort en s'écriant : « O toi, que nous appelions le Bon, qui sera, comme » toi, le défenseur des indigents, le consolateur de ceux qui » souffrent? Qui voudra comme toi, s'abaisser jusqu'au pau- » vre? Qui, comme toi, saura étudier nos misères et comme » toi les soulager ? »

Quand de tels hommes ne seraient pas des saints, on devrait encore les honorer comme des bienfaiteurs de l'humanité. (Sensation.)

Courage donc, et que l'édifice laissé inachevé par Charles de Noailles (1) reçoive bientôt son couronnement ! Que du haut de la montagne, le vieux donjon des comtes salue de nouveau le clocher de l'abbaye autour du laquelle se groupèrent les premières maisons de nos pères !

Votre ville, vous l'avez prouvé, Messieurs, n'est pas ingrate, et ce sera son honneur d'avoir deux fois, en dix ans, rendu une justice éclatante aux illustrations de son passé, à Sylvestre II comme au comte Geraud.

Cette œuvre, d'ailleurs, vient à l'heure propice.

D'un bout à l'autre de l'Europe, un mouvement se produit, pareil à celui qui, au lendemain de l'an 1000, la couvrit, suivant l'expression d'un vieux chroniqueur, comme d'une robe blanche de basiliques et de monastères. Partout, les ruines se réparent, les édifices incomplets s'achèvent, de nouveaux sortent de terre. Dans les villes et dans les villages, les églises sont reconstruites, agrandies, renouvelées. De l'autre côté du Rhin, l'Allemagne se hâte d'édifier cette cathédrale de Cologne, qui sera le St-Pierre de l'architecture ogivale. Dans notre France apaisée, triomphante et respectée, cette activité puissante qui tant de fois déborda sur le monde, se reporte tout entière vers les grandeurs de la paix et des arts. La main qui termine le Louvre refait en même temps Notre-Dame; et à nos portes, Clermont, Moulins, reprennent la construction de leurs cathédrales interrompues, pendant que le Puy élève dans les airs la colossale

(1) Charles de Noailles, successivement évêque de St-Flour et de Rodez, 55e abbé d'Aurillac, de 1615 à 1648, sous lequel fut commencée la reconstruction de l'église abbatiale de Saint-Geraud.

statue de la Vierge de paix, coulée dans le bronze de la victoire. (Applaudissements prolongés.)

Parmi les villes qui s'associent à cette renaissance religieuse et artistique, la place d'Aurillac est désormais marquée. Honneur à la population qui n'a pas reculé devant des sacrifices dont son grand sens avait d'avance calculé la portée!, Honneur aux esprits généreux qui ont accepté la mission de réparer un abandon de deux cents ans! Honneur au Conseil qui a si dignement répondu au sentiment du pays! Honneur au Maire aimé et populaire auquel il était réservé d'attacher son nom à la restauration de l'église qui fut le berceau de la cité!

Deux grands événements marqueront dans l'histoire du département l'ère glorieuse du second Empire : le chemin de fer assuré au Cantal par un Gouvernement qui n'a jamais promis en vain, et l'achèvement de Saint-Geraud. Quand la première locomotive franchira les sommets du Lioran, apportant parmi vous l'industrie, le mouvement et le progrès agricole, vous devez être fiers qu'elle rencontre sur vos places le souvenir de deux hommes qui résument tout ce qu'il y a dans la noble race d'Auvergne d'intelligence de courage et de charité, et les monuments d'un passé auquel il est permis de mesurer ce que l'avenir vous réserve.

M. le Maire, enfin, s'est exprimé ainsi :

Le plus enraciné des édifices humains, c'est un autel, et pour le saper il faut un de ces tremblements de terre qui engloutit tout dans sa poussière.

Ainsi il nous a été donné de voir notre principale église, celle située au centre de notre cité, détruite de fond en comble à la suite d'une révolution.

Quelques-uns de ceux qui m'écoutent l'ont peut-être vue tomber dans leur enfance. Elle nous représentait la vie et la pensée de nos pères qui avaient passé durant de longues générations sous ses sveltes ogives, — qui étaient venus, petits enfants, y prier, — et dont la cendre reposait dans les sombres caveaux de ces temples, à la fois *églises et nécropoles*.

Il ne nous reste plus aujourd'hui, Monseigneur, que deux églises, l'une qui devient de jour en jour plus insuffisante par l'extension du quartier dans lequel elle est située;

L'autre, en face de laquelle nous nous trouvons, si riche de souvenirs historiques, mais depuis longtemps mutilée à la suite de discordes civiles dont nous devons effacer jusqu'au souvenir puisqu'elles ont déchiré le sein de notre patrie.

Plusieurs fois on a voulu terminer cet édifice graduellement; mais par une fatalité qui se reproduit trop souvent parmi nous, on n'a peut être pas mis assez à profit quelques circonstances heureuses qui en eussent allégé le fardeau pour la cité.

Car, messieurs, la construction d'une église gothique fut toujours une question grave. Jadis même, il fallait des siècles d'efforts et de labeurs, des subsides souvent arrachés à grand' peine, pour achever l'édification de ces splendides cathédrales, l'honneur du moyen âge, et la gloire de l'art chrétien.

Aujourd'hui, si la foi est moins vive, les ressources sont plus certaines.

Ici même, l'appel qui a été fait aux fidèles a dépassé toutes les prévisions; le pauvre lui-même s'est empressé d'apporter son obole, si agréable à Dieu.

Mais c'est peut-être un devoir pour moi de le dire en ce jour, on ne pourrait subvenir aux dépenses que cet achèvement entraînera avec le secours que nous attendons du Gouvernement et le produit des souscriptions promises, alors même qu'elles seraient toutes acquittées, si de nouvelles offrandes ne parvenaient à la Commission.

Notre bien aimé et vénéré Prélat, en venant poser en ce jour la première pierre de cet édifice, donnera à cet élan généreux une impulsion que lui avait peut-être ravie la mort, aussi imprévue que regrettable, de M. Lassus.

L'architecte destiné à lui succéder ne pourra, à l'avenir, s'égarer, puisqu'il se trouve en présence de la pensée de l'artiste célèbre fidèlement reproduite dans les plans qu'il nous a laissés et dont l'exécution seule lui est délaissée.

Il ne s'agit d'ailleurs ici, que de continuer l'architecture gothique et ogivale du reste de l'édifice; mais eût-on à faire un choix entre les divers ordres, ce style ne serait-il pas toujours l'objet des préférences de l'artiste intelligent et pieux qui aura reçu la mission d'édifier pour des chrétiens comme lui, un lieu de dévotion et de prière? — Nul autre style n'est aussi inspirateur de méditation et de recueillement; il n'en est point sur lesquels les siècles passés aient laissé une empreinte plus fortement accusée, de *foi*, de majesté et de puissance *artistique*!

Sous vos auspices, Monseigneur, un jour viendra, et puisse-t-il n'être pas trop éloigné, où l'étranger quelquefois sévère envers notre cité, s'arrêtera avec complaisance devant l'œuvre de la piété des habitants, en s'édifiant de l'inspiration populaire qui l'aura érigée.

Monseigneur, le Conseil municipal, les Magistrats de la cité vous remercient par ma voix d'avoir bien voulu leur donner aujourd'hui cette occasion précieuse de vous offrir leurs félicitations et leurs vœux.

L'instabilité, parmi ceux qui viennent administrer notre département, fut toujours un de ses maux et la cause du peu d'esprit de suite dans les améliorations progressives qu'il pouvait espérer.

Placé comme vous l'êtes, Monseigneur, à la tête d'un diocèse que vous n'avez jamais quitté et où fut votre berceau, qu'il

2

nous soit permis de voir dans cette exception, bien rare aujourd'hui, une garantie de durée de cette sage, de cette impartiale, de cette paternelle administration que nous assuraient déjà, d'une manière encore plus certaine votre savoir profond, votre bonté éprouvée et vos si éminentes vertus, rehaussées de tout l'éclat d'une modestie, leur compagne ordinaire, et qui vous distingue à un si haut degré.

Quelque longue que fut la cérémonie que nous venons de décrire en peu de mots, et malgré le froid assez vif qui se faisait sentir, tout le monde a pu remarquer que la foule compacte qui se pressait autour de l'enceinte témoignait, par la religieuse attention avec laquelle elle en suivait tous les détails, un intérêt vif, réel, sympathique, et qu'elle était heureuse de ce premier pas vers la réalisation d'un de ses vœux les plus ardents.

Le soir, de brillantes illuminations ont spontanément éclairé les rues de la ville ; des inscriptions touchantes ont témoigné à Mgr de Pompignac combien notre cité était reconnaissante de l'heureuse inspiration qui l'avait conduit dans ses murs. La mémoire de M. Lassus n'a pas été oubliée : Aurillac l'avait apprécié. Puissent les regrets qu'il laisse parmi nous adoucir pour sa famille l'amertume de sa perte! Ils prouveront aussi à son digne successeur que nous conserverons le souvenir des services qu'il veut bien nous rendre. Puisse enfin ce simple récit, en rappelant à tous ce jour de fête nationale, contribuer à entretenir le zèle pour une œuvre qui commence si bien et que nous serons tous heureux de voir s'achever bientôt !

PROCÈS-VERBAL

DE

LA COMMISSION DE L'ŒUVRE DE St-GERAUD,

Du 13 décembre 1857.

Aujourd'hui, 13 décembre 1857, à quatre heures de l'après-midi, la Commission de l'OEuvre de Saint-Geraud s'est réunie à l'hôtel de la préfecture, sur la convocation de M. le Préfet, président d'honneur.

Etaient présents :

MM. le Préfet du département ; de Parieu, maire d'Aurillac ; Salesse, curé de St-Geraud ; Bastid, Bonnefons, Delfour, A. Delzons, le baron Delzons, Grognier, le général baron Higonet, Laborie, de Lacan, Parra, Rames, et Peyrac, secrétaire, tous membres de la commission ; et M. Juste Lisch, architecte du gouvernement.

A l'ouverture de la séance, M. le Préfet rend compte des démarches faites par lui pendant son séjour à Paris.

Conformément à la délibération de la commission, en date du 25 novembre dernier, M. le Préfet a pris, auprès de l'administration des cultes, les informations les plus circonstanciées sur les divers candidats qui lui avaient été désignés pour mener à bonne fin l'œuvre de M. Lassus.

De ce nombre, était M. Juste Lisch, architecte du gouvernement, qui se recommande par des connaissances spéciales du style ogival, connaissances puisées aux meilleures sources, puisque M. Lisch était, comme M. Lassus, l'un des élèves distingués et chéris de M. H. Labrouste. D'ailleurs

M. Lisch, auquel a été confiée la direction des travaux aux asiles impériaux de Vincennes et de Vésinet, est encore chargé, comme architecte diocésain, de restaurer la cathédrale et d'édifier le nouveau palais épiscopal de Luçon.

Par suite de ces indications, M. le Préfet avait eu, avec M. Lisch, une première entrevue dans laquelle avaient été posées les bases des conventions à intervenir avec la commission ; enfin, sur l'avis du choix arrêté par M. le Préfet, M. le Maire étant absent, l'un de Messieurs les adjoints confirma à M. Lisch, au nom de la municipalité, sa nomination comme architecte de St-Geraud, chargé de faire exécuter le projet de M. Lassus, en l'invitant à se rendre à Aurillac.

En présence de la Commission, M. Lisch exprime, en termes pleins de convenance et de dignité, et sa reconnaissance de ce qu'elle a bien voulu lui confier l'honneur d'exécuter l'œuvre de M. Lassus et sa ferme résolution de respecter religieusement, dans toutes ses parties, la dernière pensée du maître qui l'honorait de son amitié et de ses conseils ; le projet, tel qu'il est conçu, répond à toutes les exigences, à toutes les convenances, et il se gardera bien de l'amoindrir ou d'en dénaturer le caractère.

La Commission accueille, avec bonheur, cette déclaration qui répond si bien aux intentions émises par elle, dans ses précédentes résolutions.

L'avis de la Commission ayant été demandé sur ce qui touche la question des honoraires de l'architecte, il est résolu, après une discussion approfondie, qu'il n'appartient qu'à l'autorité municipale d'en fixer le montant, mais qu'il semble juste de recommander à l'Administration l'adoption des bases suivantes :

Les honoraires de l'architecte seraient de dix pour cent du montant total de la dépense, payables au fur et à mesure du règlement des mémoires ; tous frais de déplacement, agence, conduite des travaux, inspection, règlements de mémoires, demeurant à la charge de l'architecte.

Dans ce chiffre de dix pour cent se trouverait compris le montant des honoraires appartenant à la succession de M. Lassus, que Mme Lassus a consenti à réduire à un pour cent du montant des devis dressés par son mari.

Pour faciliter le paiement des honoraires dus à la dame Lassus, la commission offre de tenir la somme nécessaire à la disposition de M. le Maire.

M. l'architecte prend, de nouveau la parole et expose ses vues touchant les premières opérations relatives à la construction projetée :

« Autrefois, dit M. Lisch, on était dans l'usage » (usage malheureusement perdu) d'établir les » fondations et de les laisser reposer, pendant » une année, sans continuer les travaux ; cette » mesure me semblerait sage, dans les circons- » tances particulières d'un édifice déjà construit » auquel viennent s'annexer des constructions » nouvelles. Pendant ce temps de repos, le tasse- » ment s'opère d'une manière uniforme et in- » sensible, et l'assiette des constructions supé- » rieures est plus certaine. »

La Commission accueille, avec un vif intérêt, la proposition de M. Lisch, et s'entendra avec l'administration municipale sur l'opportunité de son application.

M. le président donne communication des mesures prises par lui, de concert avec Mgr l'évêque de Saint-Flour et M. le curé de Saint Geraud, touchant la pose et la bénédiction de la première pierre des nouvelles constructions. Sans être effrayé des difficultés qui peuvent se produire dans cette saison pour le passage des montagnes, Mgr de Pompignac a bien voulu promettre de se rendre à Aurillac pour cette imposante cérémonie fixée au mardi 15 du courant.

M. le Préfet annonce son intention d'inviter les autorités, la Commission de S-Geraud, celle des monuments historiques et celle des bâtiments civils et religieux, à se réunir à lui à l'hôtel de la préfecture, pour se rendre avec le corps municipal, représentant de la ville d'Aurillac dans cette grande solennité religieuse et communale à la fois, à la Maison des Missionnaires, résidence ordinaire de Monseigneur, afin de lui composer un cortége qui l'accompagnera sur le lieu même où doit être posée la première pierre.

Le commencement de la cérémonie étant fixé pour deux heures, toutes les personnes invitées voudront bien se rendre à l'hôtel de la préfecture, dès une heure, afin qu'il puisse être procédé, avec toute la régularité possible, à la signature du procès-verbal de la pose de la première pierre. Ce procès-verbal, dont le texte est approuvé en son entier par la Commission, sera dressé en quatre expéditions, qui devront être revêtues des signatures des autorités.

Des quatres exemplaires du procès-verbal, l'un doit être enserré avec les monnaies, au millésime de 1857, dans une cavité pratiquée dans la première pierre, un autre sera déposé aux archives de la préfecture, un troisième à la mairie et enfin le quatrième aux archives de la fabrique de Saint-Geraud.

M. l'architecte est invité à prendre les dispositions pour donner à la cérémonie toute la solennité compatible avec une sage économie.

La dépense, pour travaux de maçonnerie et décoration, sera acquittée sur les fonds encaissés, suivant la forme de contrôle ordinaire.

Pour copie conforme au registre :

Le Secrétaire de la Commission,

L. PEYRAC.

PROCÈS-VERBAL

DE LA POSE DE LA PREMIÈRE PIERRE

DES NOUVELLES CONSTRUCTIONS

destinées

A L'ACHÈVEMENT DE L'ÉGLISE DE St-GERAUD.

L'an mil huit cent cinquante-sept et le quinze décembre, à deux heures de relevée, la XIe année du pontificat de notre Saint-Père le pape Pie IX, la VIe année du règne de Sa Majesté Napoléon III, Empereur des Français ;

M. Rouland étant ministre de l'instruction publique et des cultes ;

M. Alphonse Paillard, chevalier de la Légion-d'Honneur et de Léopold, étant préfet du département du Cantal ;

M. Hippolyte de Parieu, officier de la Légion-d'Honneur, député au Corps législatif, maire de la ville d'Aurillac ;

M. l'abbé Salesse (Jean-Antoine), ancien vicaire général de Mgr Lacarrière, évêque de la Basse-Terre, curé de la paroisse de St-Geraud ;

En présence du corps municipal de la ville d'Aurillac, du clergé et du conseil de fabrique de l'église paroissiale de St-Geraud d'Aurillac, de la commission des monuments historiques et de celle d'architecture du département, de la commission instituée pour coopérer à l'achèvement de l'église de St-Geraud, de Mgr Lacarrière, ancien évêque de la Basse-Terre, chanoine honoraire de Saint-Denis, des autorités et d'un grand nombre des notabilités de la ville d'Aurillac :

Monseigneur Pierre-Antoine-Marie Lamouroux de Pompignac, évêque du diocèse de St-Flour, a béni et posé cette première pierre des constructions destinées à l'achèvement de l'église de St-Geraud.

Cette église occupe l'emplacement de celle que saint Geraud, seigneur, fondateur et patron de la ville d'Aurillac, éleva, en 898, sous l'invocation de saint Pierre, prince des apôtres, et qui fut consacrée en 916, rebâtie par Adroade, cinquième abbé d'Aurillac, et Geraud de St-Céré, son successeur, qui termina le nouvel édifice en 972 et le plaça sous l'invocation de son fondateur; elle fut détruite par les protestants en 1569 et réédifiée sur un nouveau plan par Charles de Noailles, évêque de St-Flour, et cinquante-cinquième abbé d'Aurillac (de 1615 à 1648).

La nouvelle église, où la messe fut célébrée pour la première fois, depuis le pillage de l'abbaye, le 8 septembre 1643, était restée inachevée, et elle ne possédait encore que le chœur avec les chapelles adjacentes, le transept et une seule travée de la nef; lorsque, le 27 septembre 1856, M. Alphonse Paillard, préfet du Cantal, de concert avec Mgr Lyonnet, évêque de St-Flour, aujourd'hui promu au siége de Valence, organisa, pour préparer l'achèvement de ce monument, une commission composée des membres dont les noms suivent :

Présidents honoraires.

M. le Préfet du département ;
Mgr l'Evêque du diocèse.

Président.

M. de Parieu, maire de la ville d'Aurillac et député au Corps législatif.

Trésorier.

M. Laborie (Maurice), avocat, membre du Conseil municipal et du Conseil de fabrique.

Secrétaire.

M. Parra (Alphonse), architecte.

Membres.

M. Bastid (Raymond), membre du Conseil général et du Conseil municipal ;
M. Berthelin, chevalier de la Légion-d'Honr, ingénieur en chef du département ;
M. Bonnefons, chevalier de la Légion-d'Honr, président du Tribunal civil d'Aurillac, ancien député ;
M. Chapsal (Jean-Eloi), peintre, membre du Conseil municipal ;
M. l'abbé Delcusy, chevalier de la Légion-d'Honneur, curé de St-Geraud ;
M. Delfour (Jean-Henri), adjoint au maire d'Aurillac ;
M. le baron Delzons (Alexandre), juge, membre du conseil de fabrique et de la commission des Monuments historiques ;

M. Delzons, Amédée, membre du Conseil municipal, ancien représentant à l'Assemblée nationale ;

M. Durif (Henri), juge de paix, vice-président de la commission des Monuments histor. ;

M. Geneste (Emile), adjoint au maire, membre du Conseil municipal et de la commission des Monuments historiques ;

M. Grognier (Louis-Furcy), ancien maire d'Aurillac, chevalier de la Légion-d'Honneur et commandeur de l'ordre de St-Sylvestre, membre du Conseil municipal et de la commission des Monuments historiques ;

M. le général baron Higonet, commandeur de l'ordre impérial de la Légion-d'Honneur et de l'ordre de St-Louis, ancien député ;

M. de Lacan (Justin), membre du Conseil municipal ;

M. Rames (Germain), membre du Conseil municipal.

A cette Commission furent postérieurement adjoints :

M. Laborie (Louis), chevalier de la Légion-d'Honneur, ingénieur en chef du département, nommé en remplacement de M. Berthelin, qui a quitté le Cantal ;

M. l'abbé Salesse, curé de St-Geraud, nommé en remplacement de M. l'abbé Delcusy, promu au siége épiscopal de Viviers ;

M. l'abbé Peyrac (Louis-Dominique), chanoine honoraire de Viviers, vicaire de St-Geraud, nommé en remplacement de M. Laborie père, décédé.

Enfin, il fut établi à Paris une sous-commission annexe, sous la présidence de M. Félix de Parieu, vice-président du Conseil d'Etat, ancien représentant du Cantal, ancien ministre de l'instruction publique et des cultes, grand-officier de la Légion-d'Honneur.

La Commission, ainsi organisée, s'empresse, sous les auspices de l'Evêque, du Préfet et du Maire d'Aurillac, d'ouvrir une souscription à laquelle pauvres et riches participèrent avec un élan patriotique et qui, à la date de ce jour, a atteint le chiffre de quatre-vingts mille francs.

M. Jean-Baptiste-Antoine Lassus, architecte de la Sainte-Chapelle et de Notre-Dame de Paris, chargé par la Commission du projet d'achèvement de Saint-Geraud, lui soumit, le 23 mai 1857, les plans et devis qui furent approuvés par elle, dans sa séance du 24 mai 1857, et, le 30 mai suivant, par le Conseil municipal, composé des membres dont les noms suivent :

MM.

De Parieu (Jean-Hippolyte), maire et député ;
Bastid (Raymond-Martial), avocat ;
Rames (Pierre-Germain), notaire ;
Grognier (Louis-Furcy), ancien maire ;
Carcuac (Jean-Auguste), négociant ;
Majonenc (Jean-Baptiste-Justin), banquier ;
Geneste (Jean-Baptiste-Emile), notaire et adjoint au maire ;
Maisonobe (Marie-Louis), négociant ;
Delzons (Jean-François-Amédée), notaire ;
Bonnefons (Jean-Baptiste-Marie), président du Tribunal civil ;
Chevalier (Hugues-Arthur), avocat ;
Dur (Jean-Achille), médecin ;
De Lacan (Justin), propriétaire ;
Séguiniol (Louis), médecin ;
Delort (Etienne), propriétaire ;

MM.

Rengade (Jean-Germain), avoué ;
Bruel (Antoine), négociant ;
Chibret (Etienne), maître de poste ;
Meynial (Jean), médecin ;
Chapsal (Jean-Eloi), peintre ;
Manhès (Jean-Baptiste), ancien avoué,
Deconquans (Geraud-Léon), médecin.

Le projet d'agrandissement de M. Lassus, comprenant l'érection de deux travées et d'un clocher placé en avant de l'édifice, était à peine achevé, lorsque son auteur mourut subitement à Vichy le 15 juillet 1857.

M. Juste Lisch, architecte du gouvernement, a été nommé architecte de St-Geraud, avec la mission d'exécuter les plans de son illustre devancier.

La première pierre d'achèvement de cette église a été posée comme base du pilier nord adhérent au clocher, et au-dessous a été placée la série des monnaies d'or, d'argent et de bronze, au millésime de 1857.

Et ont signé, en foi de ce qui précède, les jour, mois et an que dessus. *(Suivent les signatures)*.

Pour copie conforme au registre :

Le Secrétaire de la Commission,

A. PEYRAC.

Aurillac Imprimerie de Mme Ve Picut et Bonnet,
Imprimeurs de la Préfecture.

www.ingramcontent.com/pod-product-compliance
Lightning Source LLC
LaVergne TN
LVHW020305230826
846091LV00006B/2537

* 9 7 8 2 0 1 1 2 6 1 4 9 6 *